半分、生きた

豊田利晃

半分、生きた
豊田利晃

装丁＝大橋　修（thumb M）
装画＝奈良美智

映画監督

映画監督になりたかった、と云う人がいる。一生に一度は映画を作ってみたいと。大きなスクリーンで大音量で自分の物語を描く。お気に入りの俳優、憧れの女優、巨大セットに百人ものスタッフを指揮するように動かす。完成した作品は、世界の窓のような銀幕に投影され、終演後、割れんばかりの拍手が鳴り響き、世界中の紳士淑女たちが傑作だと誉め称える。そんな夢を多くの人が見ている。二十年前にはそんな夢も納得できたが、今では映画は誰でも作れるし、映画がエンターテインメントのトップではもうない。しかし、ある人にとっては今でもそうだ。映画の表現で語りたいものがあるのだろう。その物語はフィルムに焼かれて、あるいはデジタルに収納されて、自分が死んだあともこの世に残る。まるで魂が生き続けるように。伝説の名優も映画の時間の中で永遠に生きている。あの主人公たちともう一度、恋に落ちることができる。初恋を何度も味わえる。マギー・チャンと雨の中で見つめ合い、ＥＴの自転車で何度も空を飛べる。その感情が本物ならば、何度でも。

映画監督になった自分は、そんな甘い夢はもう信じていない。自分が作った作品を観直すたびに、あそこはああしておけば良かった、ここはこうしておけば良かった、あのカット尻を短く、あの台詞をもう少しタイトにと、そのたびに落ち込む。でも、反省はあるが後悔はない。すべてが駄目だったわけではない。好きなシーンも必ずある。それは、そのときの感情を丸ごと捕まえたようなカットだ。役者の芝居とカメラと音。すべてが合わさって映画ならではの感情が呼び起こされるようなシーンだ。その感情がいつまでも共有できるような夢を見ている。

初めて観た映画はブルース・リーの『ドラゴンへの道』。地元である大阪の布施の映画館で父親と観た。おれは熱狂的なブルース・リーのファンだった。腹筋を鍛え、ヌンチャクを振り回し、截拳道《ジークンドー》の本がバイブルだった。截拳道の教えはいまだ役立っている。

『空手バカ一代』、『あしたのジョー』、毎週金曜日八時から放送のアントニオ猪木の新日本プロレス。格闘技に夢中になって、プロレスごっこで遊んでいた。そんな頃、親戚の家で手塚治虫の『火の鳥』を読んで衝撃を受けた。こんな深い表現をする漫画が存在したことに驚いた。すぐさま漫画家を志し、藤子不二雄の『まんが道』を熟読した。漫画家になるためには映画を観なくてはならない。映画に漫画をうまく描くヒントがある。ヒッチコック、黒澤明、キューブリック、スピルバーグ。小学生のくせに大人よりも映画に詳しくなった。

仲間で漫画雑誌も作った。おれが描いたのは手塚治虫調の終末思想のＳＦ漫画。漫画と同時に将棋にものめり込んでいった。近所の将棋道場「と金クラブ」に通い、師匠に習い、奨励会に入った。小学校も中学校も校長先生から、「君は将棋を頑張りなさい」と言われ、学校を休む許可が与えられた。おれはラッキーだと喜び、学校を休んで、夕方、将棋道場が開店するまで、映画館に入り浸った。中学校の卒業文集の将来の夢の欄には「映画監督」と書いていた。将棋はすでにプロだったからだ。

十七歳の時、将棋を辞めたあとも映画の熱は続いた。奨励会の年齢制限の重圧から解き放たれて、逃げるように夢の世界に没頭した。素晴らしい映画は感情が震え、その振動がいつまでも続いた。揺さぶられた感情は振り子のように揺れ、回り、焦がして、痕跡を残して消えていく。永遠に消えない、腕に彫った名前のように心に刻まれた。その痕跡を魂という人もいる。あの感情を味わいたくて、もっと知りたくて、見たくて、心を震わせたくて、儲からない映画を撮り続けている。百年先まで辺りに漂っているような、遠い過去から未来まで走り抜けるような、一瞬の閃光のような、美しい痕跡を。

Hikari Toyoda

故郷

生まれ育った故郷に長くいるよりは、一度は、できれば早く、そこから出た方がいい。長く同じ場所にいると濁ってくる。それが、幼少期からいるとなるとなおさらだ。面倒臭いことが増えていく。その面倒臭さとは自分自身が引き寄せたものだ。そのことに、若者はなかなか気がつかないでいる。おれもそうだった。

十九歳の頃、バイトもしないで図書館で本を読み漁っていた。すべての本を読んでやろうと思っていた。そして、ほとんどすべての本を読んだ。夜は地元の中学時代の友達とつるんで酒を呑んだり、ギターを鳴らしたりしていた。

ある夜、地元の布施駅の駐輪場でバイクを盗もうとしていたところを警察に逮捕された。こっぴどく説教されて、土曜日だったので月曜日まで留置所に放り込まれた。留置所には十七歳の蛇草町の在日の不良が一人いた。彼は傷害事件と覚醒剤で捕まっていた。共通の友人がいて、気楽に話が弾んだ。喧嘩の自慢話をいくつか聞いた。裏拳が得意技だった。『クローズEXPLODE』の撮影のとき、柳楽優弥扮する強羅の必殺技はここから取った。彼は何度も捕まっていて、今度は確実に少年院に放り込まれるという。せんべい布団に包まりながら眠れない夜、ずっと二人で話していた。彼は云う。家の天井の板が知らぬ間に移動していて、少しずつズレながら、他の場所に変わっていると。ここからは誰も抜け出すことはできないと。何のことなのかおれにはわからなかったが、その話しが忘れられなくなった。ここから早く逃げようと、逃げなければいけないと、そのとき無性に感じた。

メッキ工場で半年間働いた十五万円をポケットに、リュックとギターを持って、二十一歳の春に家を出た。母親はおれを見送って、ずっと道路に立っていた。振り返っても、振り返っても、そこで手を振っていた。寂しくなったが、涙はのんだ。希望だけを胸に。重い荷物に押し潰されるような気持ちを抱えて、夜行バスに乗って、東京へ向かった。下北沢の家賃二万六千円、風呂無し、共同便所の木造アパートがおれの天国。白紙の紙が目の前に広がり、何を書こうか楽しくて震えていた。自由を得た。幸せを感じた。何でもできるけど、何もすることがなく、誰にも何も言われない場所を手に入れた。それが、自由の本質だとそのとき気がついた。あとは、その白い紙に自分の新しい物語を書くだけだとわかっていた。

Yamajikazuhide

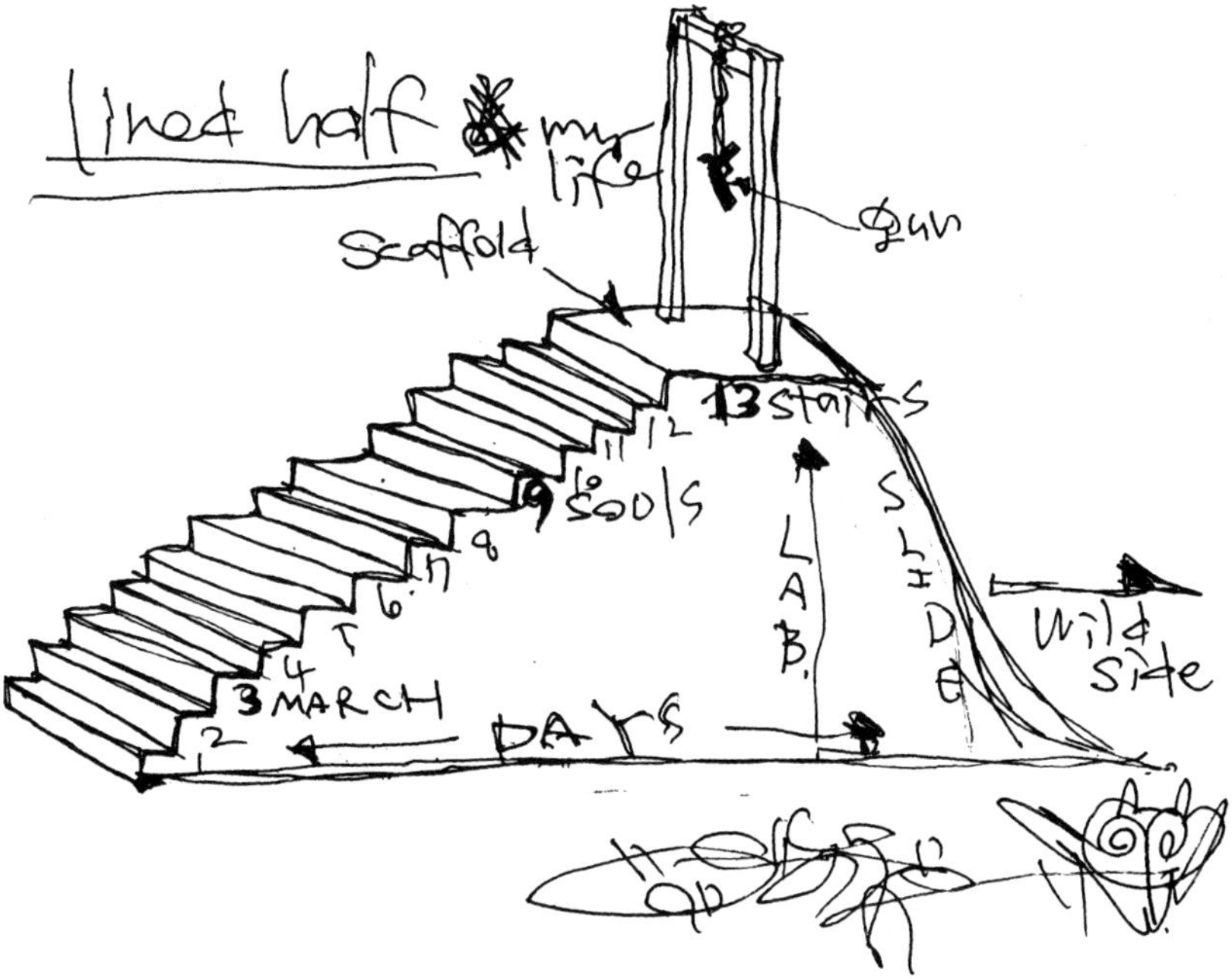

lived half my life
Scaffold
gun
13 stairs
12
11
10
9 souls
8
7
6
5
4
3 MARCH
2
1
DAYS
LAB.
SLIDE
wild side

『王手』

振り返ってみると運命が動き出すのは人との出逢いにある。誰かと出逢い、運が転がり出す。その誰かと出逢うのも、その人の才能のようなもので、気がつかないと出逢わずに通り過ぎてしまう。その臭覚を何と呼ぶのかおれは知らない。まだ、名前がついていないその力をものにするのに必要なのは謙虚さと好奇心と度胸だ。

東京に来た翌日からアルバイトを探した。九十年代の東京には仕事は山ほどあった。アルバイト求人雑誌が辞書のように分厚かった。皿洗い、パン工場、大映スタジオの大道具、音楽スタジオ、チラシ配り、できることなら何でもやった。競馬の馬券で食いつないだ。金を貯めるためにバナナしか食べなかったら、バナナにそっくりなウンチが出てきて驚いた。一番長く続いたバイトは明大前にある証券会社の事務仕事。上司が将棋好きで、元奨励会員のおれはかわいがられた。同僚は沖縄出身の若者、同棲中の画家、フラメンコギター弾きのおじさん、元ヤクザのサイトウさんだ。仕事が終わると、毎日のように安い居酒屋で呑んだ。気軽なバイト仲間。でも、みんなある日、突然バイト先に来なくなり、煙のように消えていった。その場所はただの寄り道で、誰もが本当の自分の道があったのだ。

新宿に北野武の『3－4x10月』を観に行った。痺れるような傑作だった。映画館の灯りが点き、足元をふと見ると、「鉄拳新聞」と書かれた新聞のようなチラシが落ちていた。阪本順治監督の新作映画の宣伝だった。製作会社の荒戸源次郎事務所がアルバイトを募集していた。翌日、すぐに電話した。

実は数か月前に阪本さんに手紙を書いていた。返信用の封筒も入れた。大阪で観た、『どついたるねん』が大好きだった。同じ、関西出身の監督。関西弁の映画。自分にはぴったりだと思った。憧れの映画の仕事がしたかった。阪本さんから返事がきた。電話するので電話番号を教えてくれ、と書かれていた。おれは急いで電話を買って開通すると事務所に連絡した。数日後、阪本さんから電話があり、「助監督を紹介するので、来週にまた電話する」と言った。だが、それっきりいつまで待っても電話はかかってこなかった。

数か月後、荒戸事務所に電話すると、面接をするので事務所に来いと呼ばれた。事務所に行くと、関西弁のドスの効いた声の孫家邦プロデューサーが面接官だった。

「何をやりたい？」

「えーと、監督とかやってみたいです」

「監督をやりたいなら脚本を書け」

「はい。わかりました」

「じゃあ、月三万やるから明日からおいで」

おれはバイトを辞めて翌日から事務所に通った。三か月後、書き上げた脚本を持っていった。『電撃王手』という賭け将棋の世界と奨励会の話だった。それが、阪本監督で『王手』というタイトルで映画になった。おれは家を出てから一年もたたずに、映画の撮影のために実家に戻った。両親は驚いていた。現場でおれは助監督と将棋指導をした。若山富三郎の体から炎のオーラが見えた。映画に命をかけている大人を見て、映画の世界が好きになった。苦手だった集団作業が撮影のときだけは楽しく感じた。編集とダビングに付き合い、録音の橋本文雄さんに映画の仕上げの秘訣を叩き込まれ、大阪球場に作ったエアドームシアターの支配人をさせられた。荒戸さんの借金を取りに何人か来たけど、おれは素知らぬ顔で大阪球場のど真ん中でキャッチボールして遊んでいた。Z

ＡＫが遊びに来て知り合った。バイオリンのHONZIが真夜中の大阪球場を鳥の声で鳴らした。ギタリストの石田長生とペルーの酒、ピスコを一本あけてベロベロになった。「そんなんじゃ、おれに勝てないぞ」と石やんは言った。石やんもHONZIももうこの世にいない。

「次は監督をしろ」と孫さんが言った。おれは荒戸事務所を辞めて、自分の映画を探して彷徨った。二十三歳の頃だった。

Junji Sakamoto

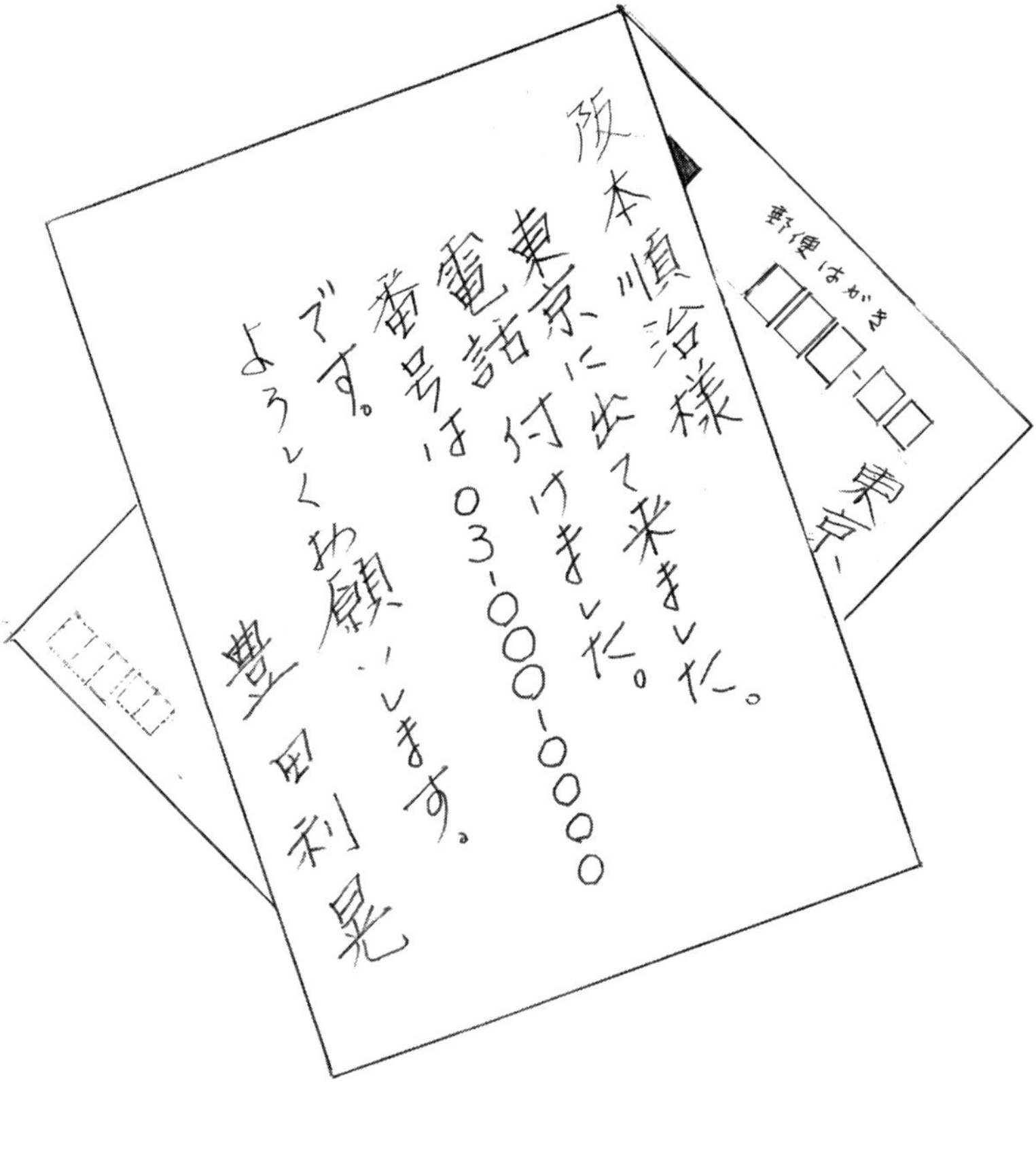
阪本順治様
東京に出て来ました。
電話付けました。
番号は03-000-0000
です。
よろしくお願いします。
豊田利晃
郵便はがき
東京

『ポルノスター』

人生は物語のようだと誰かが言った。物語が人生のようだという意見もある。おれは映画を作るために物語を探して日々を生きていた。主人公が誰かと出逢い、恋に落ち、それが大きな物語に変換していくように。その誰かを探して、人と逢い、探り合い、諦め、別の物語を探す。焦燥感が日々を取り囲んでいた。

渋谷のスクランブル交差点は世界で一番人が行き交う場所だ。東京に来て初めてスクランブル交差点を歩いたときには人を避けられなかった。大阪であんな風にぶつかって知らんぷりして通り過ぎると、絶対に血まみれの流血騒ぎが勃発するだろう。でも、あの頃、逆にそれを心地よく感じた。人と深く接しない場所。スクランブル交差点に物語は生まれない。本当にそうなのかと考えた。

自分が東京で映画を撮るなら、スクランブル交差点の映画を撮ろうと決めた。坂に囲まれたすり鉢状の猥雑な沼のような渋谷の街で。

スクランブル交差点の真ん中で歌いたいと尾崎豊は言った。十六歳のとき、大阪球場で尾崎豊のライブを見た。二時間半、尾崎は叫び続けていた。十九歳の男の声が球場中を支配していた。世界を嘆く孤独な青年が、ギターとマイクで増幅された情念を膨らませて爆発させていた。あの、せつない興奮を忘れられない。中上健次の原作を尾崎豊主演で撮るという企画書を書いた。一人で和歌山県新宮に旅をした。安いホテルの入口で小さな白い犬に足を噛まれた。犬の歯形と血が残っていた。ホテルの従業員は謝りもしなかった。こいつには謝る必要がないと思われるような、薄汚い身なりだったからだろう。新宮から大阪に戻ると、尾崎豊の訃報が街に流れていた。

そんな頃、十代の少年が「世の中にヤクザはいらない」と言いながら、大阪ミナミのヤクザ事務所にナイフを持って忍び込み、ヤクザを殺して逮捕された。十七歳の時、山口組の総本山にナイフを持って侵入して補導されていた少年。その少年に惹かれて警察署や新聞記者を訪ねて取材を重ねた。おれもいつもナイフをポケットに入れてフラフラしていた。心斎橋の酒場で浴びるようにウォッカを呑んだ。西成のドヤ街でホルモンうどんに一味を山盛りかけて喰っては吐いた。

千原ジュニアと出逢ったのは、そんな頃だ。おれが二十四歳でジュニアが十九歳。ひっかけ橋のたもとにあったビルの屋上で出逢った。雑誌『エスクァイア』の漫才特集号のライターとして、若手芸人を担当したおれは、吉本興行にいた若手芸人を全部見た。千原兄弟とナインティナインがずば抜けていると思った。ジュニアにインタビューした後、呑みに行かないかと誘った。芸人の行きつけの呑み屋が見たかった。まずいビールを呑みながら、自分のことを話した。そして、ジュニアに言った。「おまえを主役で映画を撮る」と。それは、勘のようなものだった。でも、きっとそうなるだろうと確信のようなものがあった。

四年後、『ポルノスター』というタイトルで映画は完成した。オープニング、千原ジュニアがスクランブル交差点を歩いてくる。尾崎豊はスクランブル交差点で歌いたいと言っていたができなかった。でも、おれはスクランブル交差点にクレーンを置いて撮影した。これが最初で最後の監督作品になる覚悟で撮影に挑んだ。ナイフを持った男が、坂道を上る。ナイフの雨が降ってくる。そのナイフを全身で受け止めながら、血まみれになりながら、物語が回りはじめた。おれは映画監督と呼ばれるようになった。

Chihara Jr.

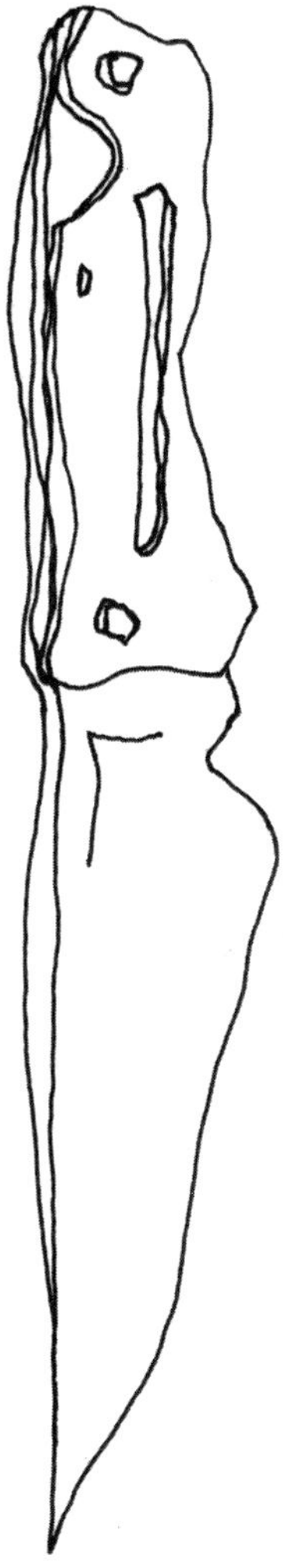

『アンチェイン』

　人生に勝ち負けは付きものだ。勝つことには喜びがある。生命の充足感を一瞬感じる。でも、勝ち続ける人はいない。いつか、負けるときがくる。必ず。日々の生活の中で勝敗を決めるのは主観だ。だが、将棋やボクシングはその場ではっきりと勝敗が決まる。負け続けると心に穴が開く。その穴を埋めるために、必要以上に自尊心が強くなる。プライドが高くなる。それでも埋められなくて、優しい場所に居場所を求める。

　おれやアンチェイン梶にはそれが西成の街だった。西日本最大の労働者の街。あいりん地区。釜ヶ崎。公園にたむろする労働者はすでに浮浪者と区別がつかない。賭博の怒号が響き渡り、朝から酒を呑んでも許され、風が吹くとゴミ屑が舞い、雨が降ると串カツ屋が賑わう、笑いと涙の風の市。二百円のホルモンうどんを喰いながら、毎日、西成をブラブラしていた。釜ヶ崎の暴動を映画化しようと脚本を書いていた。タイトルは『解放区』。労務者を斡旋する若い手配師の物語。

一九八八年の大晦日、街は昭和天皇の病状のために、華やかなネオン街は自粛ムードが漂っていた。おれは友達のビトーくんと何か面白いことを探してミナミをぶらついていた。ひっかけ橋で騒ぎが聞こえた。野次馬が周りを囲んでいた。囲みの中ではヤクザたちが若い男を殴る蹴るのサンドバッグだった。ヤクザたちは野次馬たちにまで脅しをかけてきた。そのうち若い男はヤクザたちに引きずられるように連れて行かれた。おれはドサクサの中で路上に落ちてあった財布を拾って、その金で呑みに行った。あの若い男は何者だったのか、ずっと気になっていた。その若者を主人公に脚本を書いた。新世界の串カツ屋でメモ帳に文字を連ねていると、隣に座った労働者風の親父に喋りかけられた。たわいもない酒場の会話。あれが美味い、これは不味い。そんな話。帰り際、親父はおれに千円札を置いて言った。「世の中、悪いことばかりやないで」。『解放区』はドキュメンタリーに形を変えて完成した。

勝ち続けるボクサーはいない。いつか負ける。負けてリングから降りていく。二十代後半のボクサーにとって終わりの日は近い。おれは大阪の同世代の四人のボクサーの試合を撮り続けた。彼らがリングに倒れ、涙を流して、ライトの下から降りていくのを、リングサイドから撮影し続けた。ガルーダ・テツが失神KOで負けたあと、トレーナーに抱えられながら花道を戻るとき、観客から、「よく頑張った」と拍手が鳴った。その観客に向かってガルーダは吠えた。「拍手なんかせんでいい。負けた奴に拍手なんかせんでええぞ！」。拍手はいらない。敗者にかける言葉もいらない。負けときは、ただ、じっと、心の穴が埋まるのを待つしかない。何もいらない。たった独りで、じっと待つしかない。

Unchain Kaji

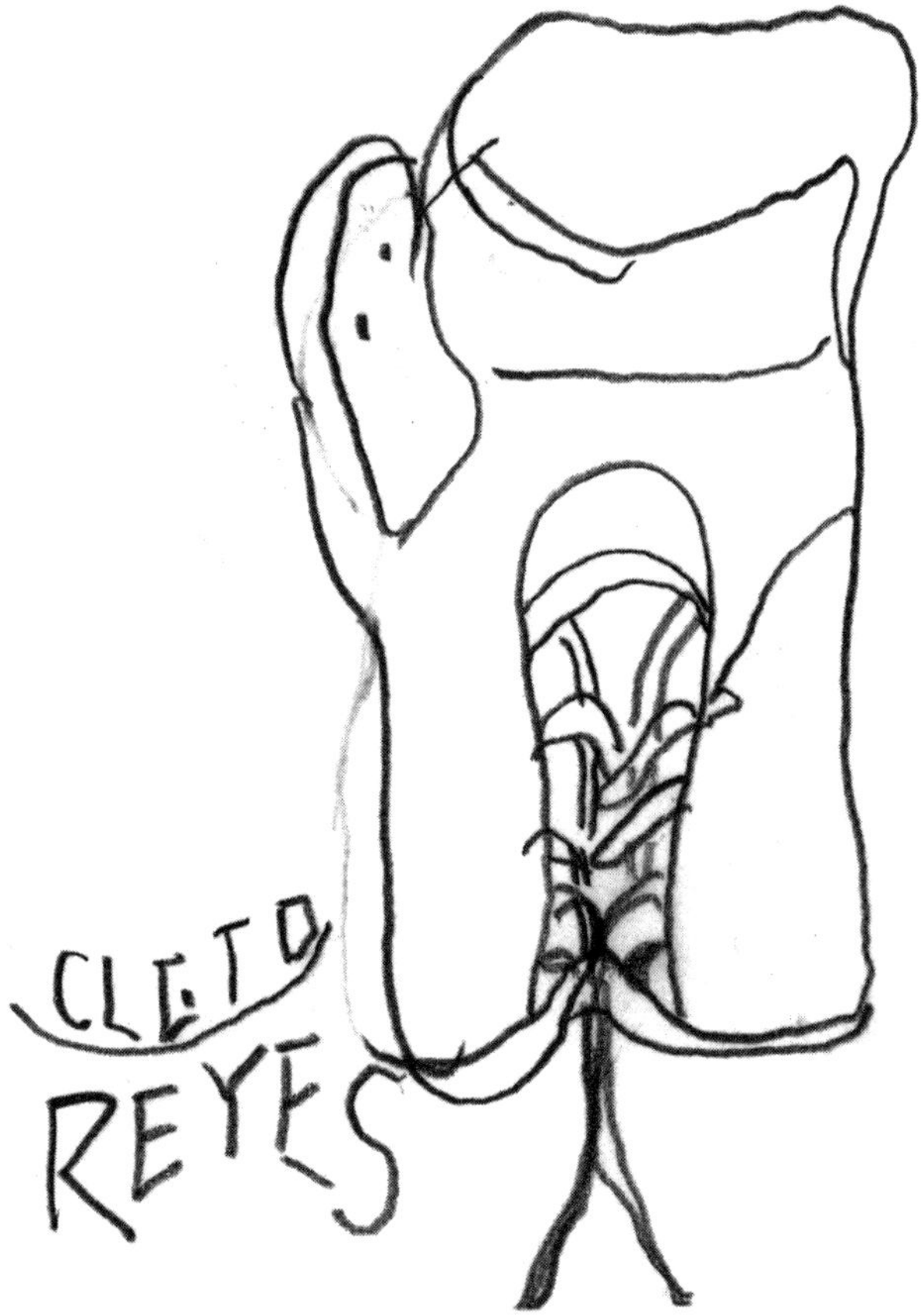
CLETO
REYES

母

『アンチェイン』の編集中に母親が死んだ。東成区今里の自転車屋の次女として産まれた母は街で評判の美少女だったらしい。お茶とお花とお琴の先生を死ぬまで続けていた。アジアの留学生の身元引受人になり、聴覚障害者のための朗読をやり、阪神淡路大震災のときはボランティアとして神戸まで通っていた。思いやりに溢れた、上品で元気のいい女性だった。たまに、東京の下北沢のアパートに来て、掃除と食事を作って一泊で帰っていった。「どっか行きたいところはないの？」と聞くと、「観光したいところなんかない」と言う。監督になったことは喜んでいたけど、そのタイトルが『ポルノスター』で本当に申し訳なく思った。でも、嬉しそうに『ポルノスター』の血まみれの千原ジュニアのチラシをいろんな人に配って歩いていた。

そんな、母が肺癌になった。煙草も吸わないのに。入退院を繰り返し、とうとうそのときがきた。編集作業を中断して、大阪に帰ったが、五日後に息を引き取った。六十歳だった。母は死ぬ前に「家に帰りたい、家へ帰して」とうわごとのように呟いていた。真夜中に病院で付き添いをしていると、「ゆうちゃん」と男性の名前を寝言で呟いた。そこにはおれが知らない母がいた。よく考えれば母のことなど何も知らなかった。知らないことが多すぎた。男の子にとって母親の死というのは、何かが欠落したような気持ちを与える。もう、子供のようには一生振る舞えない。あの、ナスビのはさみ揚げも食べられない。そのことが胸に沁みた。過ぎ去らないと、何も気がつかない。

Hikari Toyoda

『青い春』

いつも気づいたときには手遅れになっている。少し頑張れば、もう少し早く重い腰を上げれば、それは防げていたのに。いつだって間に合わない。走って間に合うのなら、今からでも間に合うのなら、いつでも全力で走っていく。でも、気づいたときにはもう遅い。

永沢慶樹と出逢ったのは、千原ジュニアと毎晩のように呑んでいた、ミナミの居酒屋たこしげだった。おれがまだ映画を監督する前の頃だ。二歳年上の永沢さんは『ミナミの帝王』の脚本を書いていて、その頃、売れっ子脚本家だった。漫才師を題材にした小説の映画化の取材で大阪に来ていた。その居酒屋は芸人たちのたまり場だった。

永沢さんと気が合い、東京でも呑みに出かけた。下北沢のグラバー亭でバーテンダーのまっちゃんと三人で毎晩呑んでいた。気難しい神経質な永沢さんと、何を言っても笑っているまっちゃんと、キレキレにトンがって暴言を吐き続けるおれ。でも、なぜか気が合った。

永沢さんは立派なマンションに住んでいた。天井まで高く書棚が並んでいた。『色川武　阿佐田哲也全集』が全部あった。おれも大好きで全巻読んでいたが一冊も持っていなくて、図書館で借りて読んでいた。Vシネマで活躍していた永沢さんはいつも忙しそうに脚本を書いていた。

おれが東京の暮らしに疲れ、海の近くに住みたいと思い、稲村ヶ崎に引っ越したら、永沢さんも湘南に引っ越してきた。脚本を書くには環境が大切だと言っていた。二年ほどして、監督をすることが決まり東京に戻ったが、永沢さんは湘南に残った。

暫くして、永沢さんから電話がきた。「お金を貸してくれないか？」という相談だった。監督をしたからといってもまだ貧乏なままで、明日の飯代も財布の中身と相談しながら暮らしていた頃だったので丁重にお断りした。永沢さんは電話を切る前に、「『ポルノスター』を観て震えた」と言っていた。そんな電話が何回かあった。精神安定剤を常用していたのでハイになったときに電話をかけてきていた。いつも一時間ほど喋り続けた。面倒くさくなったので、そのうち着信にも出ず、おれは距離を置いていた。

『青い春』のオファーがあったとき、脚本を誰かに頼もうと思った。『ナイン・ソウルズ』の脚本を執筆中だったし、人の脚本で映画を撮ってみたかった。永沢さんに頼もうと思った。新宿の紀伊國屋書店で『月刊シナリオ』を立ち読みしていると、突然、目の前に永沢さんの訃報の記事が飛び込んできた。おれはその場で凍りついた。すぐに知り合いのプロデューサーに電話して、詳しい事情を聞いた。湘南の海に喪服を着たまま入水自殺をしたという。あの夜、永沢さんの電話に出ればよかったと後悔した。そのすぐあと、下北沢のバーテンダーのまっちゃんも急死した。筋ジストロフィーだったらしい。ずっと、その不治の病を抱えてバーテンをしていた。気づいたときは手遅れで、いつも肝心なときに間に合わない。おれは取り残された気分で、その内に広がる怒りを映画にぶつけた。ミッシェルのアベフトシのギターが心をかきむしるように胸に響いた。

松田龍平、新井浩文、大柴裕介、高岡蒼佑、瑛太、又吉直樹。新しい若者との出逢いで、何か救われたような気がした。

Ryuhei Matsuda

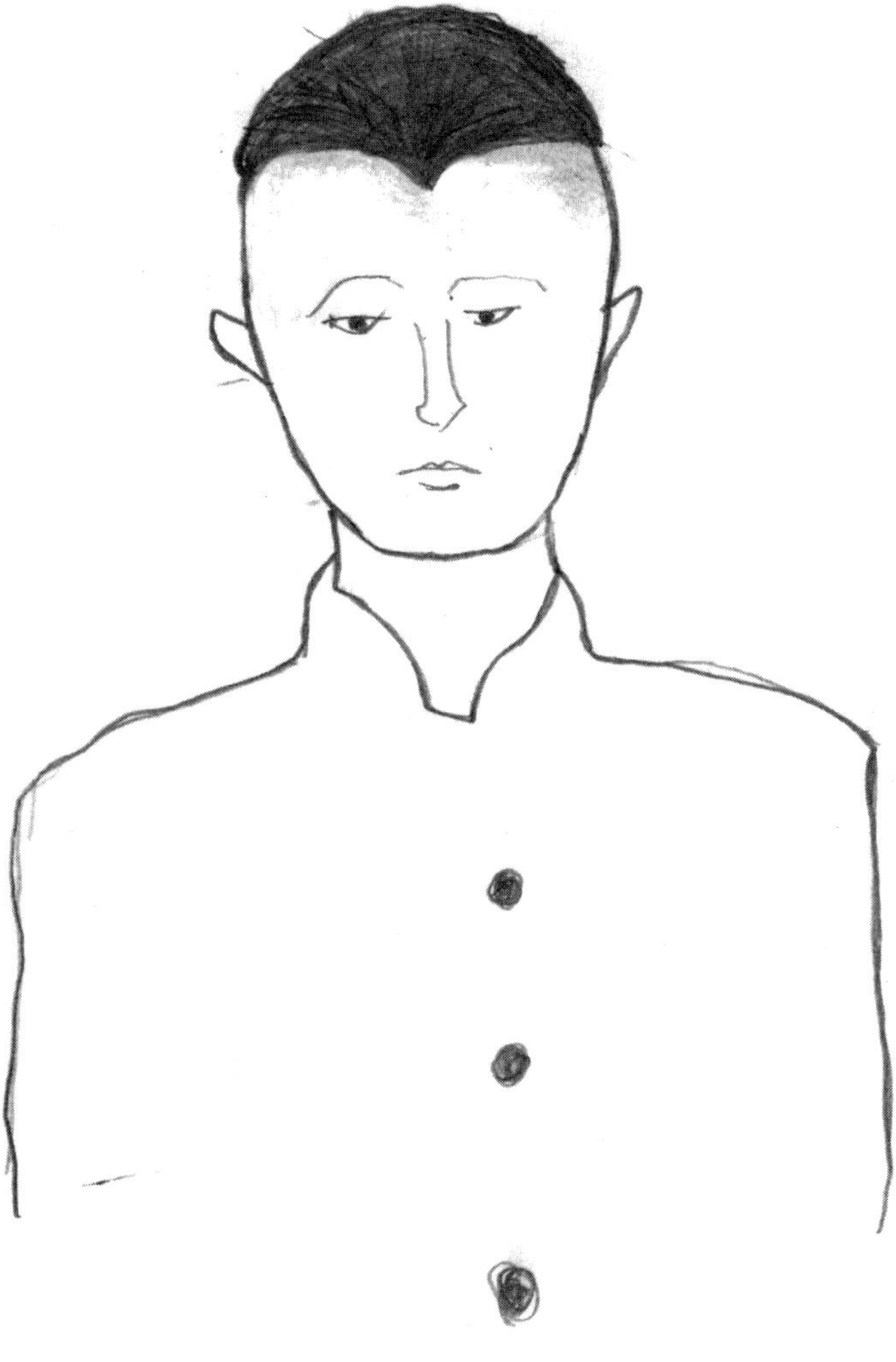

『ナイン・ソウルズ』

いつも何かひとつ足らない。いつもギリギリのところで同じ過ちを犯す。わかっているのに、繰り返す。心の芯のところにそれは存在し、決定を恐れ、逃げ出す。どうしてだかわからないが、同じことが起こる。『ミーン・ストリート』のデ・ニーロのように、最後にはすべてを台無しにする。何もかも台無しにする。十代の頃から、そんな感覚が、まるで業のように、気配のように、自分の周りを取り囲んでいた。

そこから脱却したくて逃走の物語を書いた。九人の仲間と思える役者たちと脱走の旅に出た。これが最後の映画になるのではないかと切羽詰まった思い込みで撮影に挑んだ。この作品だけは台無しにしたくはなかった。映画だけは正直でありたいと思っていた。

初日の現場に原田芳雄は木刀を持って現れた。映画に本気で勝負を挑む役者の心意気に、恐れを感じた。翌日から俺は棒を手に持った。芳雄さんと果たし合いを挑む気持ちで映画に向かった。それ以来、映画の現場ではずっと棒を持っている。芳雄さんに学んだ。その棒はいつも心の支えになってくれている。

ロマンチックな映画撮影の旅は終わり、編集して、ダビングして、無事完成した。でも、充足感よりは空虚感のほうが大きかった。空っぽになった気分だった。家族に書き置きをして、おれは旅に出た。北海道を放浪した。稚内の凍えるような寂しさ。オホーツク海のエメラルドの色。真っ直ぐな道。逃げ出したと思ったが、また捕われていることに気がついた。自分が作った映画に自分が捕われるという罠がそこにはあった。世界を描いているつもりが、自分のことを描いていたのか。自分もその中に入りたかったのか。憧れが自分を動かしていただけだったのだろうか。相変わらず何もわかっていないのは自分のような気がした。

バウハウスのデイビッド・Jからレコーディング・セッションをやろうとメールがきた。ヤマジカズヒデと中村達也と一緒に、暴走族をテーマに録音することが決まった。新しい企画に心が動き、もう一度やろうと心に決めて東京に戻った。

Mame Yamada

『空中庭園』

生まれてきたことを悔やむ人がいる。それはただの気の迷いだと一言では片付けられない。過酷な環境にいる人もいるだろう。五体満足じゃない人もいるだろう。でも、死ぬよりは生まれるほうがいい。誰かが祝福してくれる。この世に現れることができるのなら、何度でも生まれ変わりたい。何度でも生き直したい。だから、いつだって生まれる子は祝福されるべきだ。

三十歳の時に結婚して、子供が二人いる。光と歩。光のように歩き続ける。離婚して一番辛いのは子供の成長を見られないことだ。泣いているときに隣にいてやれなかったことだ。そのことを悔やむ。ぼんやりしているとふいにその感情が姿を現し、悲しくなる。だから、常に新しい作品に向かう。仲間がいる場所へ戻るために。ずっと男だけの世界にいた。将棋、不良、映画。女のことは苦手だ。得意じゃない。でも、女性の凄さを気づかせてくれた人がいる。小泉今日子と大楠道代だった。

『空中庭園』は家族の映画だが、同時に再生の寓話でもある。子供を産むのは女性だ。究極の再生は出産にあるのではないかと思っていた。自分の子供が産まれるとき立ち会った。あまりにも凄すぎて爆笑した。女はスゲーと心底思った。子供産むんだもんな。

血の雨のシーンを撮影した日のことを時々、思い出す。一発勝負の緊張感。撮影所が血まみれになり、これで日活撮影所は出入り禁止になるだろうと言われた。小泉今日子はホームランバッターで、ここぞというときは決して間違えない。テレパシーのようなものが現場に充満していて、何も言わなくても、気持ちがつながっている。撮影が終わり、血まみれの小泉さんがスタジオの外へ出てくるのを待った。そして出て来た小泉さんに、「誕生日おめでとうございます」と言った。小泉さんは少し微笑んだ。

人は生まれたとき、血まみれで、泣きながら生まれてくる。再生の象徴としての血の雨。心の通り道では、そんな風景がよく見られる。それを、おれは現実の世界で、自分の目で見たかった。坂道の途中で、影を待った。

Anne Suzuki

『戦争と青春』

朝八時に起こされて学校に行くのが辛くて仕方なかった。だから道を外れて映画なんかやっている。大人になっても、朝、決まった時間に起こされ、夜まで仕事をするのが大嫌いだ。朝は頭がスッキリするまで自分のリズムで起き上がりたい。朝の個人的な儀式もある。だから二十一歳のときからバイトはしていない。映画しかやっていない。朝、起こされるのが大嫌いだからだ。それが、かわいい女の子だったら目覚めも爽やかだったかもしれない。でも、知らない中年の男だったら最悪だ。

二〇〇五年八月二十四日、朝、ベッドで眠っていると見知らぬ男に起こされた。刑事だった。おれは覚醒剤所持で逮捕された。友達の画家が南アフリカからハシシを五キロ密輸して逮捕された。彼とのメールのやりとりが携帯電話に残されていて、麻薬取締官は三か月前から自宅の前に監視カメラを設置していた。一瞬ですべてが崩れ落ちた。何もかもが終わりを迎えた。「たったひとつの昨日を手に入れられるなら　私の明日を全部売ってしまってもいい　自由というのは　失うものが何もないってこと」。ジャニス・ジョップリンの歌の意味がようやくわかった。またしてもおれはギリギリのところで台無しにした。決まっていた四本の映画はすべて流れた。

戦争映画が撮りたかった。平和ボケと世間で言われていたあの頃の日本。戦場カメラマンの菊池修から現在進行形で続いている戦場の話しを聞いた。この世界に戦後など存在しない。日本は援助という金と兵器という商品を売り続けていた。戦争は今もここにあると思った。二十四歳で戦死した、映画監督を目指していた青年のことが書かれた伝記『ぼくもいくさに征くのだけれど』を読んで、竹内浩三に興味を持った。彼の作った詩はこの時代にうたわれても古びていない詩だった。竹内浩三のお姉さんに会いに行き、墓参りをした。映画の形態ではなく、ライブとして直接的に観客に届けたいと思った。ライブハウスにスクリーンを張り、カットごとに分かれた映像を、バンドの演奏に合わせて、投影し、物語をつむいでいく。ライブシネマと名付けた。第二次世界大戦の記録映像はほとんどアメリカが撮影したフィルムだ。勝った者だけが正義だ。B29から投下される爆弾が東京を火だるまにしていく。三月十日は東京大空襲の日であり、自分の誕生日だった。東京が崩壊していくざらついた白黒の映像は、眼に見えない都市の現実のようでもあり、心にすんなり入っていった。都市が滅びていくような予感をその頃、感じていた。神風特攻隊の若者たちの映像を何度も観ていると気持ちが同化していって、彼らが呑んでいた覚醒剤を自分も試したくなった。彼らと同じ気持ちで作品を作りたかった。そして、後戻りできないほどのめり込んでいった。戦争が起きたら、真っ先に若者が戦地に送り込まれる。そのとき、再び、青春が傷つけられるだろう。タイトルを『戦争と青春』と名付けた。平和を心から祈る気持ちでこの作品を作った。ライジング・サン・ロック・フェスティバルでの公演を終えた数日後に、おれは刑事たちに叩き起こされた。

執行猶予三年の判決が下った。東京の自宅を引き払うと、大阪の実家に戻った。実家で一人で暮らす父親は軽い鬱病になっていた。夜中に突然怒り出し、「同じ家にいないでくれ。出て行け」と言った。おれは岡山の友達の家に居候させてもらった。材木工場のプレハブに一人で住んだ。工場の前に「ツチノコ発見現場」と看板があった。ガルーダ・テツのキックボクシングジムの鍵を借りて、毎晩、サンドバッグを叩き続けたり、近所の年下の友達と混浴の露天風呂に行ったり、畑の野菜を自分で取って鍋を作ったり、工場のスタジオでドラムを練習したり、夜中に降った初雪を朝が来るまで見ていたり、柿の木が朝日に照らされるのを美しく感じたり、毎日が日曜日のような暮らしが続いた。朝、誰にも起こされず、いつまで眠っていても、誰にも何も言われなかった。

家から三十分ほど山を登ると滝があった。スサノオノミコトがヤマタノオロチを退治した剣を洗ったという伝説のある血洗いの滝。誰もいない山奥のその滝が気に入って、コーヒーを水筒に詰めると、毎日、そこに通った。マムシの巣だと言われたけど気にしなかった。そこには神々しく凛とした空気がいつも満ちていて、なぜか心が安らいだ。滝をじっと見つめていると、水の流れも、水滴の飛び散り方も、何もかも同じで変わらないことに気がついた。ループしているだけだった。何千年も同じ流れのままここにある。そのことに気がついた。それでいいのだと思えた。人間も同じだ。どんな事件を起こそうとも、大暴れしようとも、俯瞰で見ると流れは同じで、最初からずっとそのままだ。すべては許されているのだと思うと、また騒がしい場所へ戻りたくなった。

クリスマスの日、板尾創路から小包が届いた。中を見ると革の脚本カバーが入っていた。手紙はなかった。その無言のメッセージに感謝して、新しい物語を探しにいった。

Mitsuyo Kakuta

きんちゃん
と
ぎんちゃん

『蘇りの血』

照井利幸から一枚のCDを貰った。アコースティックギターの弾き語り。結局、そのCDは発売されなかった。おれはそのCDが最高に気に入って、旅をしながら聴くともっと気持ちいいんじゃないかと思い、渋川清彦と旅に出た。和歌山県新宮でレンタカーを借りて、熊野古道に向かった。春の風が心地良く、熊野川の雄大な流れに心が楽になった。奥深い山中を新緑のアーチをくぐり抜けて走った。照井さんの、指でつま弾くアコースティックギターの音が孤独のメロディを奏でていた。熊野神社にお参りすると、「蘇りの地」と書かれた幟が風になびいていた。温泉にハマっていたおれたちは、湯の峰温泉のつぼ湯に入った。階段を下りて、洞窟のような岩の浴槽の中に小さなまるい湯船がある。横には川が流れている。湯の色はエメラルドで一日に何度も色が変わるという。壁に、小栗判官の蘇りの伝説が書かれていた。これを映画にしようと温泉に浸かりながら決めた。

青森の下北半島にも渋川清彦と二人で旅をした。恐山の宿坊に泊まり、境内の露天風呂で赤ん坊の幽霊を見た。部屋に置かれたブッダの本をめくると、「犀の角のように、ただ独り歩め」と言葉が飛び込んできた。女中さんに「テレビに出てる人でしょ?」と言われ、誰と間違っているのかなと考えていたら、渋川清彦が「ワイドショーで見たんじゃないですか?」とからかった。半島をぐるっと一周して、下風呂温泉に数日泊まった。海の向こうには北海道が見える。イカ釣りの漁り火が光っている。下北半島には野生の空気が充満している。まだ誰にも知られていない風景が多くあった。陸の孤島のような場所で、人情があたたかかった。下北半島も熊野も東京から八時間近くかかる。遠くに行くことはある種の魔法で、戻ってきたときにはすべてが変わっている。中村達也に連絡をした。「主役をやってください」と。

『蘇りの血』は全編、下北半島で撮影した。プロデューサーはミュージック・ビデオ制作会社、祭の千葉広二。千葉さんのお父さんは下北半島で養蜂業を営んでいた。下北半島の自然のことをすべて知っていた。撮影にも毎日付き合ってくれて、その気遣いの奥深さに頭が上がらない。十六歳のときにシベリアの捕虜収容所に収監され、その後、満州から大連を経て引き揚げ船で五年ぶりに日本に戻ってきたときは浦島太郎のような状態で言葉も出てこなかったという。お父さんは蜂という自然界の繊細なアンテナのような生き物に魅了され、その流れを学んで、金の水のような甘い蜂蜜採集に成功する。天国の贈り物のようなあの蜂蜜を超える蜂蜜は未だ知らない。雪深い下北半島の暮らしは高齢者にはきつく、関東に引っ越してきたが、何かつながりを失くしたかのように、暫くして亡くなった。会いに行くよと何度も言ったが、あまり人に会いたくなかったみたいだ。自然との対話を失くしたのは、思ったより大きかったのかもしれない。自然とともに生きる蜂のような、お父さんの繊細さがいつまでも忘れられない。

Tatsuya Nakamura

DANCE

『モンスターズクラブ』

世界を真っ白に戻したい。すべてを真っ白に染め上げれば、どんな人々にも公平に新しいチャンスが訪れる。そのときに必要なのは道徳的指針、品位、共同体意識、寛容さ、努力と自律。自分を律して苦労を厭わず、良き未来を実現させる。そんな理想は夢のまた夢だと知りながら、果たしてそのとき自分自身も品位ある人間として律した行動をすることができるだろうかと、邪念の固まりのおれは考えながら、雪の降る温泉宿で数週間を過ごしていた。

爆弾魔ユナボマーことセオドア・カジンスキーはモンタナ州の山奥の電気も水道もない小屋で、宮沢賢治は花巻の小さな小屋で、鴨長明は京都の一丈四方の方丈庵で、みんな狭くて小さな場所から、理想と現実の狭間であがいていた。

そして誰もが同じ、世の無情を嘆くということを達観する。その無常観から脱却できないかと『モンスターズクラブ』を作った。新しい人に託すという終わり方をおれは選んだ。

二〇一一年二月の東北の凍てついた夜。しんしんと降り積もる雪が世界を真っ白に染め上げる。雪は人を無抵抗な気分にさせる。都市に住むおれはそのことを心地よく感じる。積み重なり巨大化していく雪はまるで怪物のようにおれたちの行く手を遮る。ドラム缶に炭を放り込んで燃やし、かじかんだ手足を温める。炎に引き寄せられる野生の宿命のように火の周りにはスタッフが群がる。ゲートボール場に建てた二階建てのセットで照明部が走り回ってる。夜食を体内に放り込んだら急いで準備だ。睡魔をかき消す怒声が夜を眠らせない。今日もまた眠れないでいるのを助監督が冗談に変える。おれは表へ出て、夜の空を見上げる。満天の星空に見られている気分。真夜中は不良たちの住処だ。

突き刺す冷風が心地よい。瑛太がおれに近づいてくる。特別なことを伝える前の人間はなぜか子犬のように見える。「父親が自殺しました」。気の利いた慰めの言葉が浮かばない。言葉に詰まる。「おまえには帰れる場所なんてないんだ」と撮影初日に瑛太に言った言葉が頭の中をくるくる回る。夜明け前、撮影の準備ができた。自殺した兄と出逢う長いワンシーンがはじまる。父親が亡くなったことは現場ではおれしか知らない。窪塚洋介がセットに入る。すべてを叩きつけてやるぞという決意が漲るしなやかな夜の獣のようだ。瑛太はパイプ椅子に座ってずっと脚本を読んでいる。誰からも遠く離れた場所で静かに時がくるのを待ち構えている狩人のようだ。おれは瑛太に新しい台詞を付け加える。「俺は死んだりなんかしない」。そしておれは窪塚に言う。「その台詞を最後まで言わすな。口を押さえろ」と。

映画は残酷なものだ。そのときの人間の感情が映ってしまう。気持ち悪くなるほどタバコを吸って、残酷さを噛みしめる。世界一嫌な奴になった気分だ。この現代社会でどのようにサバイバルして生き残っていくかを描く映画が、役者の身内に起こった悲劇の中で、一緒にそれを乗り越えていくのかという撮影現場に変わっていった。一緒に乗り越えられるか、サバイバルできるか、この映画に試されている気がした。そのことに向き合うしか完成できないとわかっていた。

終わらない現場はない、と先輩の映画人は言う。しかし、本当にそうなのだろうか？　終わらない映画の中を生きてるような気がした。無情に降り積もる雪の中、落ちてきそうな星空を見上げながら、ずっとそのことを考えていた。誰かがおれを呼びにくるまで。

Eita

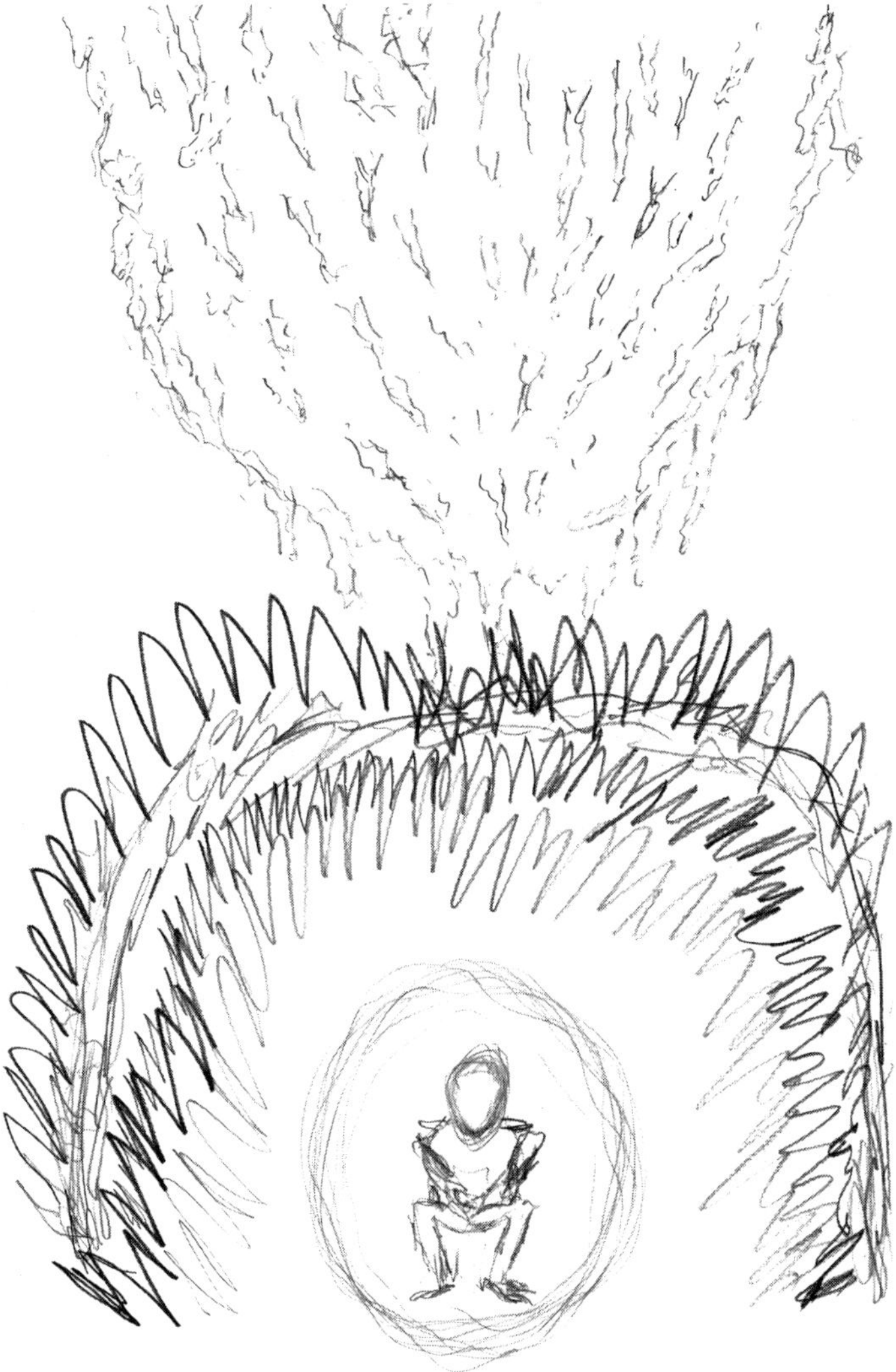

『アイム・フラッシュ！』

二〇一一年は東日本大震災があり日本中が喪に服した年だった。藤原竜也から映画をやろうと話があったのは震災後の三月末。オリジナル映画の脚本を書くときは、そのときの自分の状況や心境がダイレクトに反映される。死を弔うような映画ではなく、生きることを肯定するようなエンターテインメントを作ろうと思った。しかし、身近な人たちが立て続けに亡くなった。草津温泉の寿司屋のゆきちゃん、雑誌『DUNE』の林文浩、そして、原田芳雄。憂鬱な気分が頭を歪めていた。死は究極の救いになるのかもしれないと観念的な想いに捕われていった。観念的であることは映画のプラスになることはない。そのことはわかっていたが、ピストルをぶっ放しながら振り払えるのではないかと思った。『アイム・フラッシュ！』は大好きな映画だが、今観ると、死の観念に捕われている作品であり、切羽詰まった想いが映画を覆っている。でも、この映画を作らないと、一歩も前に進めないと感じていた。

映画のラストでモノローグが入る。

「神様にさよならを言うとき、僕たちは海に潜る。息を止めて、深く深く、海の底に沈んでいく。青が黒に染まり、そこがどこかもわからなくなったら、振り返るんだ。遠い向こうに光が見える。いつだって希望という幻は滅びることはない。光のように。一瞬の閃光のように。恐れることは何もない。深い海に潜るとき、僕たちは一緒だ」

そんな気持ちでずっといた。

灼熱の沖縄で二週間の強行突破の撮影。編集して、ＺＡＫのスタジオで音楽録音をした帰り道、下北沢駅の構内で倒れて一時間うずくまっていた。おれ死ぬんじゃないかなと思ったら、気が楽になって、腹が据わった。おれはまだここにいる。

Hikari Toyoda

『クローズEXPLODE』

夢を追いかける青春を美しく語る人がいるが、大概は挫折した経験のない奴らだ。本当の挫折を知らない奴らだ。夢を追うのにはリスクが付きものだ。そう簡単には手に入らない理想が夢だからだ。誰もが行きたい場所があり、その場その場で道を選択し、流れに乗り、周りの人たちに助けられて、道を歩いて行く。辛抱することを学ばないと道を外れていく。辛抱を楽しめるかどうかが重要な問題だと思う。

櫛野剛一という役者がいた。背が高く、愛くるしい目をして、いつも高価な帽子をかぶり、洒落者で、腕っ節が強く、映画マニアで、陽気で、馬鹿で、素直だった。三船敏郎のような不器用さを武器にしたスケールがあった。役者になりたいと、北海道からバイクで東京に出てきた。渋川清彦を慕っていた。『蘇りの血』で映画の現場を経験させ、『クローズEXPLODE』にも抜擢した。

でも、いつからかおれや渋川清彦を避けるようになり、電話にも出なくなった。ある夜、渋谷のスクランブル交差点が見下ろせるバーで、渋川清彦から「櫛野、死にました」と聞かされた。櫛野は浅草の住まいを引き払い、故郷の小樽に帰ると、車で山に行き、この世を去った。その兆しはあったが、そこまで思い詰めていたとは気づかなかった。こうなりたい自分となれなかった自分の狭間に苦しんだんだろう。夢とプライド。同じようなジレンマが自分にもあった。誰にもあるのかもしれない。櫛野はそのことに潔かった。潔いことが間違っていることもある。同じような苦しみを抱えている者にどう言葉を記せばいいかわからないが、おれはまだ映画を求めすぎている。

Masahiro Higashide

永遠に
消えない
火は俺たちの
中にある

『泣き虫しょったんの奇跡』

生まれ育ったのは大阪の下町にある二階建ての巨大なアパートだった。木造の安アパート、共同便所に共同炊事場、部屋は一階二階合わせて二十部屋ほどあった。えびす園という名前だった。うちの家族がアパートの大家さんで、幼年期からアパートの住民に育てられた。

父親の母である、テルばあちゃんは元芸者で情に厚く、戦後に戦争孤児を無料で住まわせたりしていた。高齢者が多かった。神様と毎日お話をしているおしずさん、編み物が得意な稲森さん、二階で喧嘩ばかりしている近藤さん夫婦、手先が器用でどんぐりや木片で人形を作るおじさん、首つり自殺をした青年、男のように振る舞うおばさん、キツネが取り憑いてキツネみたいな人相になったコンさん、モテモテのおじいさんはおばちゃんたちと情痴のもつれでいつももめていた。亡くなった韓国人のおばさんの部屋の畳の下から大量のチマチョゴリの切れ端が出てきたこともあった。そのカラフルな切れ端の色がずっと記憶に残っている。彼女の追憶とともに。アパートに泥棒が入って大騒ぎしたり、野良犬が侵入して追い出したり、毎日いろんな騒ぎがあった。

子供と高齢者は気が合うものだ。赤ん坊のおれを一番かわいがっていたキミさんは線路に飛び込んで自殺した。癌を気に病んでいたという。アパートの前に神社があり、だんじりの囃子の練習が一年中聞こえていた。高齢者たちを仕切っていたテルばあちゃんが亡くなったときに泣いたのはおれ一人だったという。きっと、周囲に恐れられていたのだ。新しく飼った犬はテルと名付けられた。テルばあちゃんが死んでからゆっくりとアパートの住民たちは軋み出す。

将棋に夢中になったのは、アントニオ猪木がモハメド・アリと戦っていた頃。

親戚のお兄さんから将棋を教えてもらい、楽しくて、近所の「と金クラブ」に通い出した。将棋の腕はあっという間に上達し、通天閣小学生将棋大会で優勝した。谷川浩司が二十一歳で名人になったというニュースを観て、将棋が強くなればお金が儲かり、アパートのおばあちゃんたちにお返しができると思った。名人になっておばあちゃんたちにごちそうしたかった。子供心にそんなことを思っていたし、言っていた。

しかし、人生が自分の思い通りにならないことはその歳ですでに気がついていた。将棋のプロの養成機関である奨励会にすんなり入会したものの、やる気を失っていった。将棋の師匠がうちの家にお金を借りに来たり、両親が師匠の悪口を言うようになって嫌気がさした。師匠に平手で勝ったことも原因かもしれない。将棋が楽しくなくなっていった。

ある日、稲森さんが夜になっても帰って来なかった。警察に捜索願を出して、おれも自転車で探し回った。稲森さんは、夜遅くに何事もなかったかのように帰って来て、みんなホッとしたが、様子は以前とは変わっていた。ボケがはじまっていた。稲森さんは養老院に入ることになった。

その頃、アパートが老築化のために取り壊しになることが決まった。一人、また一人とおばあさん、おじいさんはアパートから出て行った。みんな養老院に入っていった。

暫くして、おれたちも引っ越した。味気ない家族だけの一軒家。それが当たり前の家族の暮らしだとわかっていたがおれには初めての体験だった。

おれは将棋を辞め、学校を辞め、街に飛び出して行った。時々、アパートの前を自転車で通った。あっという間に新しいマンションが建っていた。もう、帰る場所がないような気がして暗くなった。新しい場所を探して町内を自転車でグルグル彷徨った。

Toshiyuki Terui

『プラネティスト』

人には船に乗る理由がある。憂鬱が睡眠を奪い、街中を裸で走り回ったり、警官の帽子を放り投げたり、衝突事故の車に欲情したり、天変地異が起こらないかと祈ったり、高層ビルの屋上からポケットの中身を捨てたり、ピストルをこめかみに当てるのが癖になったら、それは船に乗るときだ。陸上の世界はうんざりだ。海の世界が見たくなった。人は人生で何度かそんなときがくるだろう。そんなときがくれば、船に乗るときだ。

父親が肺癌になり、『クローズEXPLODE』の撮影が終わると実家に戻った。病院を嫌い、在宅医療を選んだからだ。介護というほどのことはできなくて、ケアマネージャーやヘルパーさんのお手伝いに過ぎなかった。息子が父親のシモの面倒なんてできるわけがない。手術も投薬も拒否続ける父は、日が経つにつれて病状は悪化していった。夜中におばけがいるとパトカーを呼んだり、苛々してヘルパーさんやお医者さんを怒鳴りつけたりした。一日中、観ていたテレビも、大好きな『相棒』も一切観なくなった。でも、不思議なものできれいな女性の看護婦さんの言うことはよく聞いた。男というものは死にかけていても、そこは揺らがない。排便ができなくなり、糞尿を垂れ流しだした。人間は糞を垂らしながら死んでいく。あれはジョークなんかじゃなかった。

死に往く父親を一年間見つめていた。四階建ての細長い長屋ような実家。レンタルの看護ベッド。味気ない食事。ここは人間の死にふさわしくない場所だと思うと、せつなくなった。介護に疲れ、自律神経失調症でおれも病院に診てもらっていた。

中学校時代の同級生の居酒屋で毎晩、酒を浴びていたが、九時には帰宅した。

夜、台所でぼんやりしてると、父が寝言を言っていた。夢は見てるんだなと思うと、少し気が楽になった。どんな夢を見たのか聞きたくなった。

正月が過ぎた頃、父の弟が見舞いに来てくれた。昼飯を食べに外へ出た。カレーうどんを食べていると電話が鳴った。「お父さん、亡くなった」。急いで実家に戻った。またしても死に目には会えなかった。母のときもそうだった。最後を看取ることのできなかった弱さを悔やんだ。

不動産屋の同級生の力を借りて実家を売り払った。父の借金を全部返したら一銭も残らなかった。おれが船に乗ったのはそんな頃だった。

小笠原諸島は憧れの島だった。『アンチェイン』の宣伝担当の女の子から、父島は、船から降りた瞬間から鳥肌が立つ、最高の場所だった、と聞いていたからだった。森永博志の小笠原諸島のことを書いた著作を貪るように読んでいた。いつか行ってみたいと思っていた。小笠原に旅行に行った人は、死ぬまでに一度は行ってみたい場所だったと、よく言う。そんな場所に行くには、絶好のタイミングだった。

二〇一四年六月、おれは小笠原諸島に向かった。その頃、東京から小笠原諸島の父島までは船で二十五時間半かかった。一番安いチケットは船底の雑魚寝。島民から学生まで雑多な人々が雑魚寝で一昼夜を明かす。それが、最悪で最高で楽しくなった。東京から離れ、陸地が見えなくなると気が晴れた。当分、都市の喧噪と離れることができる喜びだった。荒波で揺れる夜だった。転覆したら終わりだ。もしものことを考えて眠れなくなり、甲板に出ると、星がきれいで嬉しくなった。朝起きると顔も洗わないで外へ出た。海の色が東京湾の黒い海とは真逆で、真っ青なブルーで、近づいてくる島は原始の地球の姿のようだった。

小笠原に行く前に森永博志さんに「どこへ行けばいいか?」とメールした。

「宮川典継がすべてを知っている」と返事がきた。その宮川さんと船の喫煙所で会った。色の黒い陽気なサーファーの宮川さんは、計画している島の展望台のことを熱心に話してくれ、再会を約束して別れた。

父島に船が着くと、さらに二時間船に乗って母島に向かった。父島は二千人の人が住むが、母島は五百人しかいなかった。でも自然は父島の十倍と言われていた。北港でウェットスーツを着て、海に潜ったら驚いた。珊瑚がＳＦ映画の生物のように怪しく美しく、魚はまるで宇宙人のようで、おれを見て近づき異種間コミュニケーションを取ってくる。心が通じているような錯覚が起きた。

漁船をチャーターして海を探索した。姉島、妹島、向島。無人島特有の何かが起こりそうなオーラに痺れた。船から見える海底火山でできた不思議な岩礁が生き物のように感じた。びっくりするような場所に連れて行って欲しいと船長にお願いすると、ある岩礁に連れて行かれた。遠くから見ると、台形の富士山みたいな形の岩礁なのだが、近づくと真ん中がすっぽり崩れ落ちていて二つの岩礁だった。その岩礁は二つとも仏像のような天使のような形をしていて神々しい。その崩れ落ちた岩礁の真ん中はスターゲートの入口のような気がした。圧倒的なダイナミックさに心底凄いと思った。ここが古代なのか未来なのかわからなくなった。とんでもないものを見たという実感があった。想像力を刺激された。小笠原の凄さを初めてそのときに知った。故郷から遠く離れてここまできた。

父島に戻り、宮川典継を訪ねた。宮川さんは島のすべてを教えてくれた。海のこと、森のこと、数奇な島の歴史、ビーチに転がる石、波の見方、スタンドアップ・パドル・サーフィンから海上がりのうまい飯のことまで。でも、一番感動したのは夕陽だった。夕暮れ時、日が沈む一時間ほど前から浜辺に行く。大きな空に真一文字の水平線。雲が生き物の形をしながら変形を繰り返し、それが物語のように見える。太陽が水平線に近づくにつれ色彩は変化していき、むき出しの感情のように艶やかに染まっていく。夕陽が水平線に沈み、暫くすると後焼けがはじまる。赤がオレンジに変わり、空の青が漆黒の闇に吸い込まれていく。まるで観たことのない映画のようだった。

夕陽は毎日、別の演目で現れる。色も雲の動きも、日々、変化していく。ときにはそこに鯨の群れが塩を吹いて現れる。太陽が沈む瞬間を見るだけでこんなに心が動かされるとは思わなかった。そこには感情が存在しているように見えた。この世から消えていった人たちが雲の形になって手を振って現れる。毎日毎日、別の人が。感情が色と形になって目の前に現れる。魂がそこにいるかのようだ。死は人を情報化し、現世で何をした人なのか判別される。しかし、感情は残らない。形にならない感情が生命の象徴のような太陽の消失によって色になって現れる。スピリチュアルな話しは苦手だ。嫌いだと言っていい。でも、この島でこの夕陽を見ていると、どうしてもそんな風に思ってしまう。一日の終わりに、まるで夢を見ているような時間がここにある。夕陽を見ていると、なぜか救われたような気がした。東京に帰るのを二週間延ばして、夕陽を見続けた。

雨期の小笠原が明け、夏になった。満天の星空を浴びることもできた。帰り際、宮川さんに、「ドキュメンタリーを撮ってもいいですか?」と聞いたら、「いいよ」と許可を貰った。二か月後、４Ｋカメラを持って、父島に戻った。それから四年間、おれは夕陽を撮り続けた。見たことがない夕陽がひとつもなくなるまでカメラを回し続けた。毎日、夢を見るように、夕陽を見続けた。死ぬときに最後に思い出す景色は、小笠原の夕陽に違いない。

Kiyohiko Shibukawa

甘いものは甘い

『狼煙が呼ぶ』

人間の一生は自分が描いた地図の上を歩くようには進まない。進まないどころか、不意に竜巻にさらわれ、気がついたら自分の居場所を失い、帰り道も見当たらず、途方に暮れ、再び、二十代の頃のように一から模索しなければならなくなる。人生は生きるには短すぎて、死ぬのには長すぎる。誰かの歌のようだ。警察のワゴン車の最後部で両手首にはめられた鋼鉄の手錠を見つめながら、人生の不条理というやつが自分の身に降りかかったことを痛感し、まるで自分の映画みたいだなと、自分自身を笑った。

二〇一九年二月一日、新井浩文が強制性交の容疑で逮捕された。数日前に新井とご飯を食べていただけに突然の騒ぎで驚いた。テレビやネットでは連日連夜、新井に対するバッシングが飛び交い、いつの間にか韓国人差別のような方向に発展していった。せせら笑うように書かれて盛り上がる罵詈雑言にムカッ腹が立った。マスコミとネットでの有名人に対する公開処刑のようないじめは、この時代の最大の病巣だ。こんな社会では、学校や職場のいじめも、福島や沖縄の問題も、何も解決するはずがない。何とか風向きを、少しでも気持ちのよい流れに変えることはできないのかと悩み、東京の空気が淀んで見えて、京都に旅に出た。

寺を回り、新井のことを祈った。以前から興味を持っていた江戸時代の画家や琳派、茶道具や書道具を集めながら心を落ち着かせていた。

朝の大徳寺は心落ち着く香りが充満している。線香と木々の緑が混ざり合った寺院の匂い。昼前に寺回りを切り上げ、木屋町の料亭、櫻川で友人と落ち合った。懐石のコースの止肴まで来たところで、携帯電話に着信が何件も入っていることに気がついた。表へ出て、東京のプロデューサーに電話した。『プラネティスト』の宮川典継が逮捕された。大麻譲渡の疑いでの逮捕のニュースがマスコミにも流れたが、宮川さんは即日釈放、不起訴になった。しかし、五月に控えていた映画の公開は中止になり、予定していたイベントも中止になった。四年がかりで作った映画が一瞬で崩壊してしまったことに呆然とした。憂鬱な影が脳裏を覆う。今朝、大徳寺で見ていた水墨画の世界のように、世界は墨の色のように感じた。墨の色には五彩あると中国の諺にある。その五彩を感じられなくなり、暗闇の中を歩いているような気持ちになった。

翌日、東福寺の退耕庵の知り合いの和尚を訪ねた。数年前、ここで座禅を教えてもらったことがあった。それから時々、座禅を続けていた。抹茶と和菓子でもてなしを受けながら、収まらない不安感について話した。このような場合、仏教的、あるいは禅的には、どのような心の持ち方をすればいいのですか、と聞いた。和尚は現実的な不安への対処法を教えてくれた。人間の感覚の器官は六つあるという。目、鼻、耳、口、手、そして頭。しかし、ほとんどの人は頭だけを使うことが習慣になっている。他の五つの器官を集中して使うことによって、考えるという頭を使うことを意識的に止めれば不安感は多少は去る。その言葉に閃きを感じ、京都のアパートで新しい脚本作りに没頭した。暗闇の中の五彩が見えてきた。

東京に戻り、『プラネティスト』の関係各社に謝罪をし、公開を二〇二〇年に延期することを決断した。そして、雪の青森に新井を訪ねに行った。元気そうな新井と会って少しホッとした。自宅で謹慎中だが、その日は気を使って馴染みの居酒屋や温泉に連れて行ってくれた。少し暗い顔をしていた。でも、雪深い神社ですっ転んだ新井の照れ笑顔を見て、何も変わってないなと安心した。あとは、裁判で真相が明るみに出て、誤解が解け、少しでも早い復帰を望むばかりだ。

　そんな、周りの仲間の心配をしていて、まさか自分が捕まるなんて思ってもみなかった。四月十八日、昼過ぎに起きて、ポストの郵便物を確認していると、強面の男たち十人ほどに囲まれた。静岡県警の刑事たちだった。『プラネティスト』の撮影のために住民票を宮川さんの自宅に移していた。そこからつながって家宅捜査に来た。奴らが探しているものはもちろんなかったが、電子レンジの上に親父の形見として引き取った拳銃らしきものが発見された。正直、おれもそこに放置しているのをすっかり忘れていた。実家を引き払った際に送られてきたダンボールの中に入っていて、そのまま他の遺品とともに、そこに置いてあった。その錆ついて動かない拳銃が本物であるかモデルガンであるかもわかっていなかった。幼少の頃から、デザイナーである父親の机の上に置いてあったもので、母親からは祖父の戦争中のものと聞いていた。「まさか、それで捕まえないでしょうね？」「多分、大丈夫だと思うけど、ちょっと本部に確認する」と表へ出て行った。三十分後、刑事は戻って来て、「駄目だった。逮捕する」「え？　マジで？　これで逮捕するの？　普通、逮捕しないでしょ？　今から警察署に行って届け出ればいいでしょ？」「悪いけど、仕事だから」「・・・・・・」。そして、手首に食い込む手錠を十五年ぶりにかけられた。

おれはワゴン車の後部座席に乗せられて、静岡県の三島署まで連行された。署に到着するとテレビカメラが並んでいた。高そうなスーツを着た、偉いさんが、「おれがドアを開けて呼ぶから、それまで中で待ってろ」と部下に指示する。まるでコントのような演出。ダセー演出だぜ、まったく。

留置所は六畳トイレ付きに三人。一人、二畳の計算。一人は詐欺で刑務所に行くことが決まっていた。もう一人は何で捕まったか教えてくれなかった。十五年前とはルールが変わり、昼食の出前もタバコも禁止されていた。弁当は今まで喰った弁当の中でダントツに不味く、少し薬品臭い。食べるとなぜかすぐに眠くなった。お茶は一杯のみ。あとは水道水しか駄目。夕飯後に音楽がかかるのだが、ミスチルばっかりで、ミスチルの励ますような歌詞は留置所の中で聴くと苛々した。九時に消灯しても常夜灯が明るく、同房の鼾の合唱もうるさくて、なかなか寝付けなかった。担当の刑事は漫画に出てくるようなヤクザ顔だったが、情に厚く、優しい人だった。四十五歳の刑事の生活も聞いてみたが、ハードな仕事なのに、なかなか割に合わない給料だなと思った。検察署に行くと、同じような留置されている者と雑談ができた。若い奴はだいたい傷害で、年長者は詐欺や窃盗が多かった。七十歳のトラック運転手が、その日だけはいつものコースを通らず、九十歳の老女を轢いて逮捕されていた。事故の一週間前に妻を白血病で亡くしたという。人生で一番ツイていないときに人は逮捕される。ツイていないから、ここにいる。おれもその一人だった。

数日後、拳銃を実家で発見したのは兄だと証言があり、九日間で釈放された。平成から令和に元号が変わる前に史上最悪のホテルをチェックアウトできた。署を出るときに刑事たち数人が見送りに来てくれた。「おれたちも仕事だから」と刑事はバツが悪そうに言った。「もう来なくていいよ。来るときは電話してから来てね」と冗談を言って、担当の刑事と握手をして別れた。

そのまま弁護士事務所に直行して、留置されていた九日間の世間の騒動を聞いた。やはり、おれも新井のようにマスコミやSNSで袋叩きにあっていた。新井とピエール瀧とおれが三人並べられて連日報道されていた。拳銃はピエールから渡されたものだとか。ピエールさんとは会ったこともない。京都や福岡の友人たちのところにも写真や映像をくれと、どこもかしこもマスコミから連絡があったらしい。早急に保釈の記事を弁護士さんに作成してもらい、マスコミに流したが、取り上げたマスコミはいなかった。記者会見をするとか、雑誌でインタビューをしてもらおうとか話は出たが、それもマスコミにネタを提供するようで嫌な気がした。映画監督なんだから映画で返そうと思った。このマスコミとネットのいじめのような体質に歯向かいたいと思った。黙っていたら、相変わらずやられるだけだ。声を上げるのではなく、創造することを楽しむこと。そんな姿勢を観客に提示すること。それが今の時代に少しでも勇気のようなものを伝えられるのではないかと思った。弁護士費用もないような懐具合だったが、短編映画ならできるような気がした。短編で物語を届けることは無理かもしれないけど、意志と熱情は伝えられると思った。タイトルはすぐに決まった。『狼煙が呼ぶ』。狼煙を上げるぐらいはできるのではないかと考えた。そして、人が集まる。人が集まることは映画作りの基本であり、それなしでは成立しないメディアである。今までに関係性のあるスタッフ、役者に声をかけた。役者の事務所からこのテーマへの批判も受けた。反対する友人もいた。断られた役者もいる。しかし、支援者も集まった。予算ゼロで突き進んだこの映画は、心意気のあるスタッフと役者の応援によって、企画から一か月後には撮影をし、公開も撮影のひと月後の七月十七日に決まった。撮影は栃木の鹿沼市と西方町で行われた。西方は切腹ピストルズの本拠地で、街の青年部と切腹ピストルズが全面協力してくれた。彼らと渋川清彦は、この映画の最大の貢献者だった。題字も切腹ピストルズ隊長の飯田団紅に書いてもらった。十六分の短編映画が必然のように生まれ落ちた。

人は何度でもやり直せるし、何度でも立ち上がれる。繰り返す人生の日々の中で、流れを少しでもきれいにしていきたい。自分が何度も描いてきたテーマを再び身を以て実現することができたことを嬉しく思う。まだまだ、完全には立ち上がれてはいないが、立ち上がろうとする意志は見せることはできた。そして、これから作る映画のテーマも自ずと見えてきた。『しょったん』で、もうすべてやり終えたと思っていたけど、まだ、自分には描くべき物語があった。そのことを知ることができて、実は逮捕されたことはラッキーだったのかもしれないと、前向きに考えて、あと少し、映画を撮りたいと欲がでた。狼煙に呼ばれたかったのは自分だったのかもしれなかった。

Tadanobu Asano

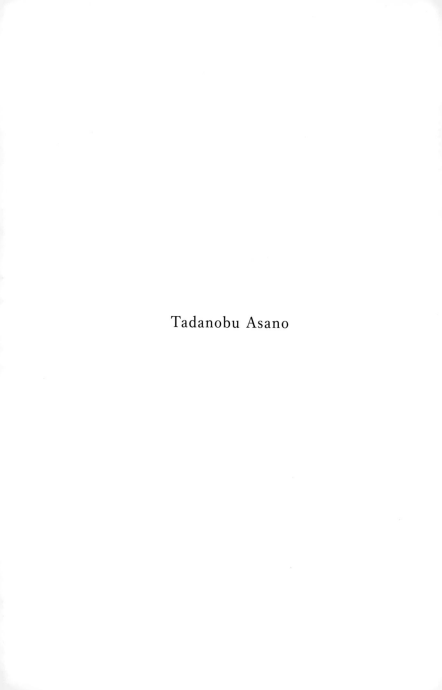

五十歳

人生に出逢いと別れは付きものだ。どんなに愛する人と一緒でもいつか死という別れがあるし、コンビニのレジの女の子に一目惚れをしても、すぐにさよならしなければならない。人との出逢い方、別れ方、多くを経験したが未だうまくなれない。それがうまい人は立派な人だなと尊敬できる。

小笠原に船で到着すると迎えに来てくれている人たちがいる。初めて島を訪れた人にはそれがホテルの従業員やツアーガイドだろう。おれはいつも宮川のりさんが迎えに来てくれる。小笠原から内地に帰るとき、見送りに来てくれるのは、宿泊中に島で出逢った人たちだ。帰りの船に乗り込み、甲板に出ると、数日間、島で過ごして、出逢った人たちすべてが波止場にいる。小笠原に長くいる人は少ない。そして、次に来るのはいつだかわからない。会社勤めの人などは遠い島に行くことは安易なことではない。だから島の人たちには見送りは欠かせない。そして、別れ方が素敵である。船が離れ、太鼓が鳴り響き、「いってらっしゃい」の言葉が投げられ、汽笛が鳴り、さっき首に飾ってもらったレイの花輪を島に向かって放る。波止場はレイの花だらけになり、去って行く船をどこまでもツアーガイドの船が何艘も追いかけてくる。どこまでも、どこまでも。

小笠原で四年間過ごし、おれも少しは別れることにうまくなった。最初は二メーターしか海に潜れなかったのが、今では十メーターも潜れるようになった。サーフィンも少し乗れるようになった。イルカと泳ぐことも日常になった。身体は生命力を取り戻し、日焼けすることにも馴れた。島では「カントク」と呼ばれ、新しい仲間もできた。半分、生きた。次はどこに帰ろう。

Danko Iida

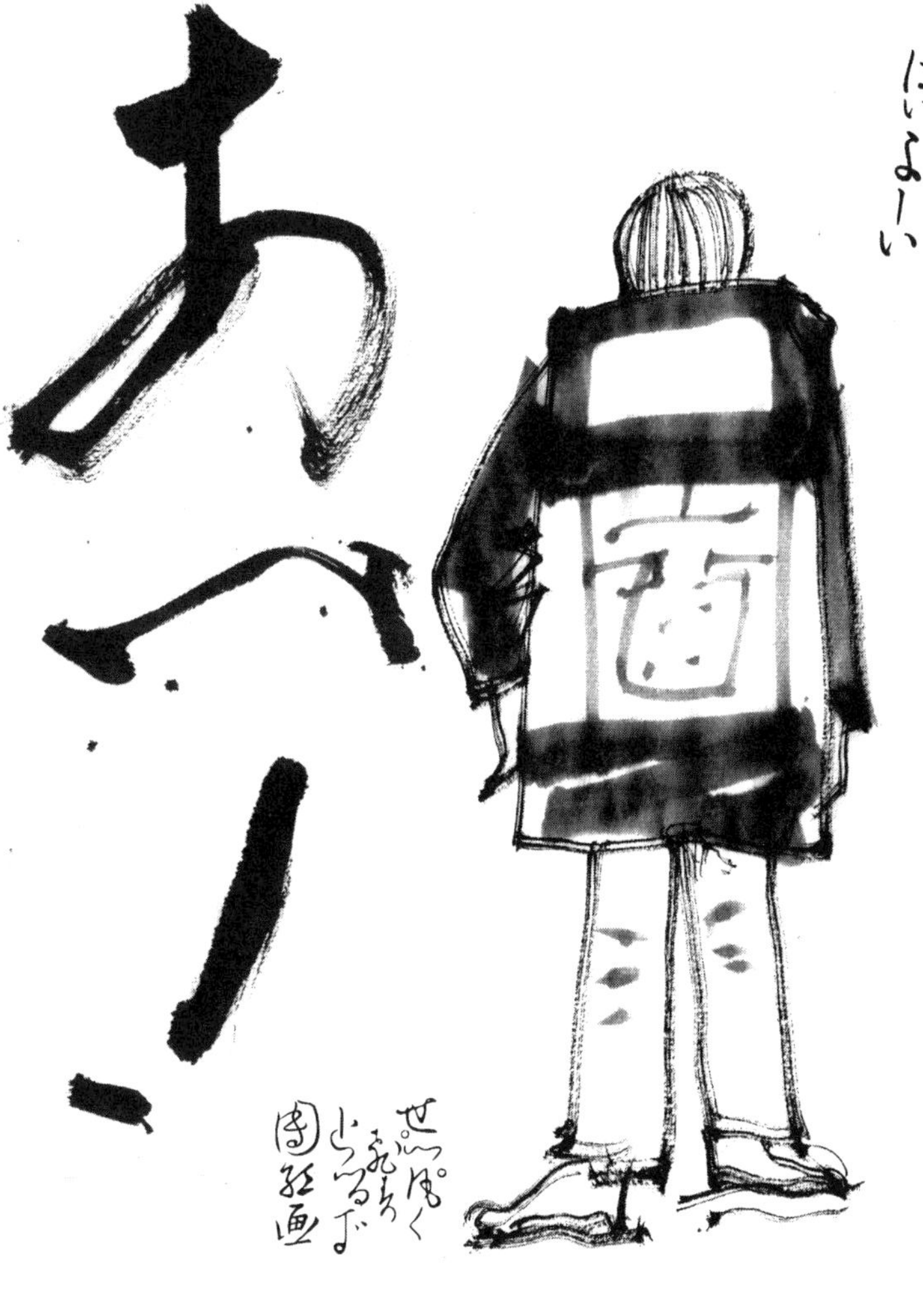
はいよーい
あへー

あとがき

写真家の菊池修から小笠原諸島で『プラネティスト』を撮影中の風景をまとめた写真集を作りたいと提案があった。楽園での怒濤の撮影は確かに特別な時間であった。写真はすでにプリントされていて、それは素晴らしい写真だった。だが、しかし、おれを被写体にした写真集が売れるのか？　責任を感じたおれは写真集のために、自分の人生を振り返る長い文章を書いた。五十歳を迎えて、振り返っても許されるような年齢になったと感じていたからだ。

写真集はいろんな出版社に断られ、文章だけが残った。二十五年ぐらい付き合いのある、HeHeの中村水絵がこの文章を救ってくれた。

自伝というには書いていないことが多すぎる。元々、写真集のための序文として書かれた文章だ。映画作品をテーマに心に残っていたことを文にした。多くは亡くなった人たちのことだ。時々、不意に彼らは脳裏に現れ、暫く、そこにいる。三十代の頃まで、おれはずっと夭折を望んでいた。今はここまで生きたことを誇りに思う。尊敬する篠田桃紅のように百歳まで生きたいと思う。亡くなった先輩たちの年齢も越えた。相談できる先輩も少なくなった。最近は後輩たちに相談事を聞いてもらっている。年齢など、たかが数字にすぎない。流れゆく時間の法則も少しは学んだ。もう自分の狭い行動範囲と世界の広さに絶望したりはしない。他人の映画の成功を妬んだりもしない。五十歳になったが生活は楽にはならない。やれることは限られているが、やるべきことは明確に見えてきた。もう少し、新しい人たちを驚かせるようなエンターテインメントを作りたいと、今日も部屋にこもって新しい脚本を書いている。

PP.130–131 Hikari Toyoda

豊田利晃　Toshiaki Toyoda

1969年大阪府生まれ。1991年、阪本順治監督『王手』の脚本家として映画界に登場。その後、阪本順治監督『ビリケン』(1996年)の脚本を手掛けた他、演劇舞台や劇画の原作なども手掛ける。1998年、千原浩史(千原ジュニア)主演『ポルノスター』で監督デビュー。その年の日本映画監督協会新人賞、みちのく国際ミステリー映画祭'99年新人監督奨励賞を受賞する。2001年に初のドキュメンタリー映画『アンチェイン』を監督。2002年には人気漫画家・松本大洋の原作『青い春』(主演:松田龍平)を映画化し、大ヒットを記録。ドイツのニッポン・コネクション映画祭で観客賞を受賞。2003年『ナイン・ソウルズ』、2005年、直木賞作家角田光代の原作『空中庭園』(主演:小泉今日子)を監督。2006年には、アテネ国際映画祭で全作品レトロスペクティブ上映されるなど、国内のみならず世界各国から高い評価を受ける。また、中村達也、勝井祐二、照井利幸と音楽ユニット「TWIN TAIL」を結成。ライジング・サン・ロック・フェスティバル他、現在も活動中。2009年に中村達也主演『蘇りの血』を、2011年に瑛太を主演に『モンスターズクラブ』、2012年には藤原竜也、松田龍平が主演する『I'M FLASH!』を監督。2013年、ニューヨークで行われた日本映画祭JAPAN CUTSで世界を魅了する業績を残した監督へ贈られるCUT ABOVE AWARDを受賞。2014年には東出昌大主演『クローズ EXPLODE』を監督。2015～16年舞台『怪獣の教え』を演出。2018年『泣き虫しょったんの奇跡』(主演:松田龍平)、2019年短編映画『狼煙が呼ぶ』を監督。ドキュメンタリー映画『プラネティスト』が2020年公開。 www.imaginationtoyoda.com

半分、生きた

発行日：2019年9月26日　第1刷

著者：豊田利晃

装丁：大橋 修（thumb M）
装画：奈良美智

協力：IMAGINATION

発行者：中村水絵
発行所：HeHe／ヒヒ
〒150-0022 東京都渋谷区恵比寿南3-3-11 パラシオン恵比寿1101
電話&ファックス：03-6303-4042
info@hehepress.com
www.hehepress.com

印刷・製本：シナノ書籍印刷株式会社

Printed in Japan
ISBN978-4-908062-28-5 C0074